UUSIA LORUJA II

50 lorua vuosilta 2017 - 2018

KIMMO PALO

© 2018, 2.p 2019 Palo, Kimmo
Kustantaja: BoD – Books on Demand, Helsinki, Suomi
Valmistaja: BoD – Books on Demand, Norderstedt,
Saksa
ISBN: 978-952-80-0793-7

Lyijykynäpiirrokset on taiteillut Elsa Huhtanen.
Kuva sivulla 50 on kirjailijan luonnostelema.

SISÄLLYS

HULIHUMBAA

"Kylläpä me ollaankin saatu päittemme ylle ihana kuutamo."
"Totta tokaisit...mikäs tanssi tää muuten oikein o?
Ei tää ainakaan o valssia, tai tangoa, tai jenkkaa, tai polkkaa, tai cha cha chata, tai salsaa, tai zumbaa, tai rumbaa."
"Tää on hulihumbaa.
Tää on mun keksimä.
Tai voihan se olla, että tän on ensin keksiny joku Keralassa asuva riisinviljelijätär, ja vasta hänen jälkeensä mä."
"On tää sen verran omaperäinen tanssi, että voit ihan huoletta laittaa tän tanssilajin keksimisen sun omiin nimiin."
"No, ehkäpä niin."
"Siitä ei oo laimeinta epäilystäkään, usko vaan."
"Uskotaan, uskotaan."
"Mulla muuten on ollut aina tanssimottonani, että en vie enkä vikise."
"Aha...no, sopiihan se.
Minä kyllä mieluusti vien...ja voin vikistäkki.
Viimeistään tuonnempana, kun me ollaan aitassa, ja päittemme yllä on kuutamon lisäksi lautakatto ja täkki."
"Hyvä on, sehän sopii meitsille.

Mutta tää sun hulihumbas ei tunnu sopivan mulle,
vaan tää sopinee paremminki parkettien ja muiden
pintamateriaalien partaveitsille."
"Kuulehan kulta, sä oot mulle paras mahdollinen
hulihumbapartneri, ja myös siitä arvostuksen
osoituksena muiskautan nyt tulevalle puolisolleni
puolenyön pusun, ja tässä on samalla kaulaasi
voikukka-niittyleinikkikranssi.
Ja tiedä, että mulle on ihan yks lysti sujuuko sulta
hulihumba kuin tanssi."

PESEE KAIKKI MUUT

"Sulla on täällä sun kaksiossas verrattain paljon
oopperoita."
"Joo, onhan noita."
"Onko näistä jokin sellainen, joka on erityisen
lähellä sun sydäntäs, tai muuten muiden ylitse?"
"En osaa nyt nimetä yhtä ylitse muiden, mutta
täältä kokoelmastani löytyvät saippuaoopperat on
itselleni sellaisia, että ne kyllä pesee kaikki muut
oopperat, eli jos joku kysyis että minkä tai mitkä
näistä kaikista oopperoista ottaisin mukaani
autiosaarelle, niin valkkaisin varmasti ne."

PUKUHUONEPUHEET

Naistyöntekijä kollegalleen: "Tullessani äsken
tänne pukuhuoneeseen miessiivooja oli paraikaa
siivoamassa vessaa."
"Ai jaa."
"Ja...(*aivastaa ankarasti*)
...huomatessaan, että olen aikeissa lähteä töistä
kotiin ja vaihtaa vaatteita, hän lohkaisi: "Sä vaihdat
vaatteita ja mä vaihdan huonetta.""

KEVYT KESKUSTELU RASKAASTA AIHEESTA

"Mitä musiikkia sulle tarttui niistä aleloorista
mukaan?"
"Sekalainen kokoelma kevyttä poppia, ja osittain
vieläpä sellaista josta en oo aiemmin kuullukaan."
"Noi sun molemmat muovikassit näyttää painavan
aika lailla."
"Joo, nää painaa pahuksen paljo ollakseen kevyttä
poppia, niin että ihan hyvin voisin näillä kasseilla
hauiksiani treenailla."
"On sulla siinä melkoinen äänilevytavarataakka."
"Niin on...jaksankohan kantaa nää kotiin saakka..."
"Noissa kasseissa on vähintäänkin kohtalaisen
korkea repeytymisriski."
"Totta, ei olis pitänyt sortua näihin ostoksiin, vaan
sun tavoin kiertää kaukaa se halpislevyjen tiski."
"Sun kannattaa käydä jossain kotimatkasi varrella
olevassa liikkeessä, ja hankkia kaksi muovikassia
noiden repeytymisriskialttiiden kassien suojaksi."
"Hyvä idea...ostan niitä varmuuden vuoksi näitä
kumpaakin muovikassia varten kaksi."
"Joko sä jo nyt meet?"
"Joo...ensinnäkin mun pitäis pian, tai mieluummin
heti päästä vessaan, ja toisekseen nää ostoskassit
painaa pirusti, kuten tulikin jo sanottua, ja kaiken
lisäksi mulla on kourat kohtalaisen kohmettuneet."

"Okei."
"Ei kai tässä sitten muuta kuin että hei."
"Heippa...tais olla muuten kantamisen kannalta
viisasta ettet sä sijoittanut sun rahojasi raskaaseen
metallimusiikkiin." :)
"Aivan niin." :)

LABORATORION LATTIALAATTA

"Hei Maula...sanoisitko siivoojalle että tuolla on oksennusta lattialla, tuolla aulassa TV:n eessä."
"Juu, sanon...hän hoitaa sen varmasti pois käden käänteessä."
"Onkohan TV:sta tullu niin huonoa ohjelmaa, että se on saanu jossakussa aikaan oksennusreaktion..."
"Ehkäpä on."

SATAPROSENTTINEN TOTUUS LAPSEN
SUUSTA

"Hei Scout, osaatko sinä laskea kuinka paljon
maapallolla on laskutaidottomia lukumääräisesti,
jos heitä on noin 7,8 miljardista ihmisestä vaikka 15
prossaa?"
"En ossaa."

TYHJÄ KIRJA

"Hei, mitä sä teet Kia?"
"Selailen tätä kustantajalta tänään saapunutta
ideoimaani Tabula Rasa-yhtyeestä kertovaa
scrapbookia.
Eli leikekirjaa."
"Ai jaa.
Voinks mä kattoo?"
"Totta kai joo."
"Tosi kiinnostavaa...mut siis nää sivuthan näyttää
olevan ihan tyhjii..."
"Aivan nii."
"Miksi?"
"No, aattelin että Tabula Rasa-nimen hengessä tän
kirjan sivut voisi jättää täysin tyhjiksi.
Niin että kirjan ostaja saa tehdä juuri semmoisen
leikekirjan kuin itse haluaa."
"Katos vaa."

SYDÄMEN PUHDISTUSAINETTA OSTAMASSA

"Onko teillä sellaista puhdistusainetta millä sais
puhtaaks ihmissydämen, ku mä tarttisin sitä ny?"
"Että löytyykö sydämen puhdistusainetta...mistäs
sulle on sellaista päähän pälkähtäny?"
"Mä ostaisin sitä mun mummilleni yllätyslahjaks,
niinku salaa.
Ku mä kuulin ku se sano että Raamatussa sanotaan
että puhdassydämiset saavat nähdä Jumalan, ja ku
se sano että hänellä täytyy olla sitte likainen sydän,
ku hän ei oo saanu nähdä Jumalaa."
"No voi sua pientä lasta.
Tuo on aivan ihana ja lämmin ajatus, että sä haluat
auttaa sun mummiasi, mutta kuule kun sellaista
puhdistusainetta ei löydy mistään kaupasta.
Mutta sä voisit tehdä vaikka niin, että sä rukoilet
iltaisin, ja pyydät että Jumala itse puhdistaisi sun
mummisi sydämen, ja toivotaan että Jumala sitten
vastaa ihanalla tavalla sun rukouksiin."
"Kiitos paljon sulle neuvosta...mä teen niin." :)

HÖYHEN MAKUUHUONEESSA

Mies löysi makuuhuoneestaan lumoavan
lumenvalkoisen höyhenen...
...ja aprikoi ajatuksissaan oliko ehkä enkeli käynyt
kämpässä, tai oliko hänen kotiinsa tilapäisen pesän
toissayönä tehnyt ilolintu jättänyt jälkeensä sen.

HOMMA HANSKASSA

"Äiti, saanks mä vähän lisää puolukkapuuloo ja
lapalpelikiisselii ja maitoo?"
"Joo.
Zoe, otatko sä niiden lisäksi vielä jotain...vaikka
saksanpähkinöitä pienen kourallisen?"
"Kiitos, en.
Äiti, mä keksin eilen illalla mikä on mun mielestä
kaikista tälkein vaatekappale."
"No kerrohan...mua kiinnostaa kuulla se."
"Se on hanska...jos kukaan ei olis keksiny hanskaa,
niin kenelläkään ei olis homma hanskassa.
Ei isilläkään...nyt ku isillä on tosi paljon hommia
Lanskassa."

LOPETUSLORU

"Lopetin tänään tupakanpolton."
"Sehän on hyvä...todellakin on.
Ja jos sallit sanoa, niin vielä parempi jos pääsisit
eroon ylitsevuotavasta alkoholinkäytöstäsikin."
"Ei, en puhu nyt omasta tupakanpoltostani, vaan
rakkaan poikani Rikin."

PIENI SUURI LUKU

"Hei kuule, mikä tämän persimonin vaakanumero
mahtaa olla?"
"Hetkinen...se on... yksi viisi nolla."
"Kiitos...minulla on hyperopia eli kaukonäköisyys,
eli en näe lähelle tarkasti, ja tämä numero on tässä
niin pirhanan pienellä."
"On tää numba tässä kyllä ihmeen pienellä...tää
numero on huomattavasti pienempi kuin vaikkapa
tällä ostamallani ruusukaalilla, tai vesimelonilla,
tai banaanilla, tai bataatilla, tai herkkusienellä.
Vaakanumeroiden koko vaihtelee täällä aika
paljonkin tuotteesta toiseen."
"Minun pitää ostaa persimonin lisäks vielä ainakin
vesikrassia, kurkumaa, ekstra-neitsytoliiviöljyä,
salottisipulia, saksanpähkinöitä, ja kukkakaaliakin,
jotta voin valmistaa löytämäni reseptin mukaista
paahdettua kukkakaalia, ja tehdä kyseisellä ruoalla
vaikutuksen erääseen ihastuttavaan Françoiseen."
"Ahaa...satuitko muuten kuulemaan mitä tuo
pikkutyttö sanoi äidilleen äsken?"
"En."
"Hän sanoi että: "Äiti, toi setä jolla on parta ei
nähny tota vaakanumeroa, vaikka se vaakanumero
on tosi iso, sataviiskyt.""
"Vai niin hauskasti hän sanoi...jopas nyt."

AIVAN MAASSA OLEVA ASTRONAUTIN
VAIMO

"Olen aivan maassa nyt kun en tiedä kuinka kauan
mieheni vielä viipyy Kuussa.
Tässä on kestämistä tässä kaipuussa.
Mutta toisaalta olen myös iloinen.
Olen iloinen siitä että hänellä on Kuussa ainakin
siinä mielessä kevyet oltavat, että hän on Kuussa
kuulemma ainoastaan noin 13-kiloinen."

SYDÄMEN LÄMMITYSHUONE
(Eskarilaiselle esitetty kysymys)

"Hei Rita...
...minkä yrityksen sinä perustaisit isona, jos saisit
ihan vapaasti valita?"
"Mä perustaisin sydämen lämmityshuoneen,
koska maailmassa on liian paljon kylmäsydämisii
ihmisii.
Ja mä pitäisin sitä huonetta vaan sunnuntaina kii."

VALKOISEN PAPERIN KAMMO

Vaimo kirjailijamiehelleen: "Mikset osta itsellesi
ikinä valkoista kirjoituspaperia, vaikka se on
halvempaa kuin värilliset paperit?"
"Jos ostankin värillistä paperia, niin entäs sit.
Mulla on varsin hyvä syy olla laittamatta lanttejani
valkoiseen paperiin."
"Niin?"
"Etkö ole kuullut valkoisen paperin kammosta...
...poden sitä, eli siinä on vastaus kysymykseesi
miksen koskaan valkoista osta."

ROSKASÄKKI TULI IHAN TÄYTEEN PARISTA
ROSKASTA

"Kiitos, viihdyin täällä kahviossanne hyvin...tää oli
kuin puolen tunnin ratkirentouttava retriitti."
"Kiitti...
...mukava kuulla. :)
Sori, mä jatkan hommia...tän roskasäkin poisvienti
ei oo ainut askare, joka on meikän vastuulla."
"Aivan.
Hei oota...ennenku viet sen roskasäkin pihalle, niin
saat sinne takintaskustani pari paperilappusta, ja
tänne lattialammikkoon uponneen lakritsilaivan."
"Kiitos...kas...
...tää sadanviidenkymmenen litran roskasäkki tuli
nyt ihan täyteen sun parista roskastas." :)

MONO VERSUS STEREO

"Jos puhutaan äänentoistosta, niin diggaatko
enempi stereota vai monoa?"
"Mä oon monon kannalla...monona mä mieluiten
kuuntelisin vaikka Sakari Kukkoa ja Piirpauketta,
tai Juha Tapiota, tai Pelle Miljoonaa, tai Knopflerin
Markia, tai U2:ta ja Bonoa."
"Voisitko tarkentaa että miksi?"
"Että miksikö suosin monoa...koen monosoundit
tietyllä tavalla aidommiksi."
"Olemme sitte tässä asiassa samalla kannalla, sillä
minuakin miellyttää enempi monauraalinen ääni.
Etupäässä sen tähden että saan monosta tuntuvasti
enemmän potkua päivääni."

SINÄ OLET KUOLEMATON

Iloa täynnä on sinun sydämesi,
kun kaikki huolesi ja murheesi on hukuttanut
ilon kyynelten vesi.
Eikä mikään eikä kukaan voi viedä iloasi pois,
ei vaikka ne sinun kehosi likvidois.
Sillä sinä et ole keho,
vaan sielunrauha ja rakkaus ja ilo, ja valo,
jossa on tuhannen auringon teho.

ROSKAA PUHTAASSA KODISSA

"Pitäisköhän meijän tilata huomenna siistijä tänne
huusholliin?"
"Miten niin?
Täällähän on puhdasta ku paavin palatsissa."
"Mutta mä oon puhunu täällä paljon roskaa...niin
paljon että sillä roskamäärällä saattaisin pärjätä
jopa roskanpuhumisen suomenmestaruuden
ratkaisevassa matsissa."

PIIRSIT PIENEN SYDÄMEN

Piirsit pienen sydämen,
mutta lämpöä siinä tuntenut en.
Piirsit pienen sydämen,
ja suuria sanoja ympärille sen.

Piirsit pienen sydämen,
ja sen ulkopuolelle piirsit sut.
Piirsit pienen sydämen,
johon rakkaus ei mahtunut.

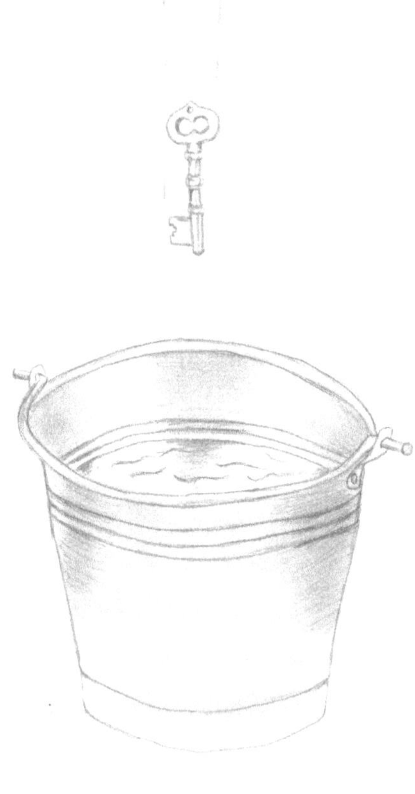

HUKKUNUT AVAIN

"Maura...löysin kuin löysinkin luksusveneemme
hukkuneen avaimen!"
"Upeeta :)...mistä sä löysit sen?"
"Se oli pudonnu tähän saunan luona olleeseen
vesiämpäriin."
"Vai niin.
Se avain oli sitte hukkunu ihan kirjaimellisestikin.
Onneks se lopulta löyty...kyllä sen etsintäoperaatio
turhan kauan kestikin."

LUMI

"Ooksä itkeny...
...mitä ny?"
"Lumi on lähteny, hän lähti maasta ja jätti mut.
Joku kuuma kaveri on hänet sulattanut."

PIENI, MUTTA TILAVA OVI

"Mahdutko sä siitä pienestä ovesta noine isoine
tiskikärryines?"
"Jes.
Tuu perässä vaan, mä jätän auki tän oven."
"Kiitos, mä voin sitten sulkea sen."

"Ajatella, että vaikka tää ovi on näin pieni, niin mä
mahduin kulkemaan tästä, ja tää iso tiskikärrykin
mahtu kulkemaan tästä, ja kaiken kukkuraks vielä
säkin mahduit kulkemaan tästä."
"Eikä kulkeminen ollut yhtään ahdasta, eikä
työlästä." ;D

SAANAN VALLOITUS

"Mä valloitin Saanan viime kesänä."
"Tä?"
"Sanoin että valloitin Saanan viime kesänä, ja
tarkemmin sanottuna heinäkuun puolen välin
hujakoilla."
"Oho...oon yllättyny, koska luulin ettet sä paljoa
harrasta liikuntaa, etkä etenkään tunturikiipeilyä,
vaan että mieluummin tykkäät sohvalla makoilla."
"En mä mistään tunturikiipeilystä nyt puhukaan,
vaan siitä että valloitin Saanan, nykyisen vaimoni."
"Vai ni." :)

MIINA

"Kuule, tiedäksä mitä yks vanhempi äijä tuolla
kauppakeskuksen kuppilassa tänään sano."
"No?"
"Hän sano että hän oli nähny eräässä aseliikkeessä
Miina-nimisen myyjättären, ja jatkoi että siinä oli
semmonen miina, johon hän astuis vapaaehtoisesti
ja mielellään.
Eikä hänellä kuulemma ollut mitään sitäkään
vastaan, että tuo Miina veis häneltä jalat alta ja
räjäyttäis hänen pään."

RAKKAUS, JOKA NÄKYY KILOMETRIEN
PÄÄHÄN

"Tä?"
"Kuinka korkealle meidän pitää vielä kiivetä?
En enää jaksais kovin paljoa kiivetä...ja ties miten
pitkästi täältä on matkaa takaisin kylälle."
"Koita jaksaa vielä tolle kivennyppylälle."
"No joo...mutta kantaisitko sä tän?"
"Totta kai...mä toin sut tänne sen vuoksi että tämä
meidän tuore rakkautemme näkyis, ei ainoastaan
kuvaannollisesti, vaan ihan kirjaimellisestikin
kilometrien päähän."

"Keksin tänään kymmenen sanaleikkiä...haluuksä
kuulla ne?...
...vai onks sulla kiire?"
"No jos sä kerrot ne nopeesti...mun pitää pinkaista
pian Pispalaan pienimuotoiseen pianokonserttiin."
"Selvä...no niin...
...eka on tällainen: laboratoriohoitajattaren ottama
verinäyte ei mennyt ihan putkeen."
"Ton perään mä huudan jeen!
Se oli osuva.
Vaikka tuo laboratoriohoitajatar itse ei ollutkaan
osuva, vaan hosuva."
"Nii-i...seuraava kuuluu seuraavasti: journalisti
sanoi että valtamerien muovijätteet ovat olleet liian
pitkään pinnalla."
"Joo, se on ikävä ilmiö, jonka pienentämiseen itse
kukin meistä voisi osaltaan vaikuttaa omalla
ekologisella muovinkierrätysvalinnalla.
Mutta kerro vaan sun seuraava djoukki."
"Oukkidoukki.
Puunhakkaajan ura meni päin metsiä."
"Toi kuulosti sellaiselta jonka oon saattanut joskus
aiemmin kuulla, esimerkiks katsoessani jotain
kotimaista TV-sketsiä."
"Entäs tää: puutarhuri pisti päänsä pensaaseen."

"Ytimekäs...tykkäsin...jokainen noista sanoista oli näköjään saanu alkukirjaimekseen peen."
"Totta pukiset...tässä taas yks: savuttomassa ja viileässä pubissa bändikeikkaa seurannut nainen kertoi keikan jälkeen bändin rumpalille, että heijän keikkansa oli ihana, ja että erityisesti rumpali ja hänen rumpupatterinsa oli lämmittänyt naista."
"Itseäni puolestaan lämmitti tuon kyseisen pubin savuttomuus, sillä vain sellaisen pubin ulko-oven itse voisin aukaista.
Onks sulla sanaleikkejä vielä varastossa?"
"On...ei ne kaikki ollu vielä tossa.
Ja seuraava: kaivosturvallisuus on liian monessa maassa ihan syvältä."
"Turvalliseenkaan kaivokseen meneminen tuskin ikinä tuntuis musta hyvältä."
"Tuskinpa mustakaan...tää jonka nyt kuulet, on taas nasevimmasta päästä, eli: kynttiläntekijä paloi loppuun."
"Toikin sai hymyilemään mun suun."
"Mukava kuulla.
Kerron itsekin näitä sutkauksia sulle hymyilevällä suulla.
Tässäpä taas yks mojova tapaus: nuohooja oli koko päivän ihan piipussa."
"...toi sai nyt näköjään aikaan hihityskohtauksen mussa."
"Senkun hihittelet vaan."

"Ja tuntuu siltä kuin ilon kyyneleenikin olisivat
lähteneet virtaamaan."
"Vai niin.
Kiva että nämä osuvat sun kyynelkanavasalpoihin
ja nauruhermopäätteisiin.
Tää seuraava, joka on laskujeni mukaan yhdeksäs,
on näistä sanaleikittelyistä se kaikkein ytimekkäin.
Ja se kuuluu ytimekkyydessään näin...
...yömyssy meni päähän.
Oon ehkä eniten iloinen siitä että tulin keksineeksi
tän."
"Kyllä olisin ilosta innoissani mäki.
Toivotaan ettei tuotakaan oo kukaan muu keksiny,
ei ees sanaleikkiharrastelija- tai ammattilaisväki."
"Toivotaan joo.
Mutta voisin vielä viimeisen virkkoo."
"Juu, virko vaan."
"Tässä mennään kauas historiaan:
Maailmankaikkeus sai aikoinaan kuulemma
räjähtävän alun."
"Voi jessus...tuntuu siltä että omistat sanaleikkien
keksimistyökalun."
"Kyllä kuule sinäki sen keksimistyökalun omistat,
melkolailla varmasti.
Itelläni oli tänään joutilasta aikaa miettiä, josta
johtuen näitä sutkauksia suoltui tällainen lasti."
"Okei...mutta hei, kiitos paljon sulle näistä. :)
On parasta että lähen ny, ennen kuin on myöhäistä.

Mutta voisinpa silti viivästyttää lähtöä vielä pienen tovin.

Keksin nimittäin tässä jutellessamme itsekin äsken yhden sanaleikin, joka menee näin: Aleksis Kivi on Suomen kirjailijoista se kaikkein kovin.

Mutta tän on varmasti joku ehtinyt heittää ilmoille jo ennen mua."

"Juu, näin vois vahvasti otaksua.

Joka tapauksessa, jos et ole tuota aiemmin mistään kuullu, niin toi oli sulta hyvin keksitty."

"Kiitos ny."

"Mutta, palaillaan, ja mennään vaikka intialaiseen ravintolaan syömään lähiaikoina, eiks niin?"

"Juu, mennään vaa...palailemisiin."

"Palailemisiin...ja hyvää pianokonsertti-iltaa!"

"Kiitos vaa." :)

ELÄMÄNOHJEITA

Ota elämä vastaan ilolla ja hymyllä.
Ota myös vaikeudet ja pelkohaasteet hyväksyen
vastaan, sanomalla niille kyllä.
Ole rohkea, ja kuuliainen sydämellesi.
Kun läheltäsi lähtee läheinen, niin huolehdi siitä
ettei silmistäs vuoda pitkään surun kyynelten vesi.
On luonnollisesti hyvä ikävöidä ja itkeä...
...mutta yritä mahdollisimman pian lamaannuttava
suru juurineen pois kitkeä.
Ja ole iloinen hänen puolestaan, joka on päässyt
kehon vankeudesta vapaaksi.
Hän on jatkanut iloiten matkaansa kohti uusia
seikkailuja, eli ei hän suinkaan ole kuollut, ja
maatunut maaksi.
Jos haluat että maailmassa on enemmän lempeyttä,
avoimuutta, hyväsydämisyyttä, myötätuntoa, niin
ole esimerkkinä muille.
Osoita konkreettisilla teoilla että meidän tulee olla
lempeitä, avoimia, hyväsydämisiä, myötätuntoisia,
kaikille, ei pelkästään omille rakkaille, ystäville,
tutuille.
Näytä että maailmasta löytyy pyyteettömyyttäkin.
Ja ehkä esimerkkisi voima tulee innoittamaan
ihmisiä toimimaan kuten säkin.
Usko ja luota itseesi, ja Jumalaan.

Kun tunnet, että sydämessäsi uinuu unelma, tai
unelmia, jotka odottavat toteuttamistaan, ja joiden
ajatteleminen sytyttää sinut ja sielusi toden teolla
eloon, niin älä emmi lähteä unelmiesi perään, vaan
anna palaa vaan.
Milloin olit ajatellut että sydämesi laulaa iloisena ja
onnellisena, ellei tänään...
...sillä tämä saattaa olla viimeinen päivä, joka sinun
hengelläsi on täällä elettävänään.
Elä tätä hetkeä, sillä vain tästä hetkestä voit löytää
kaipaamasi pysyvän onnen.
Ja muista, että vain sisimmästäsi voit löytää sen.
Pidä huoli siitä että sydämesi pysyy lämpimänä,
avoimena, herkkänä, pehmeänä, puhtaana, ja ettei
siellä viha, katkeruus, murhe, suru, pelko pesi.
Rukoile, ja rakasta Jumalaa yli kaiken, ja tuntekoon
koko luomakunta rakkautesi.

TAIVASTA KOHTI

"Samuel sanoi tänään että jos pakana painaa hissin nappulaa ja nousee ylempiin kerroksiin, niin hänki voi silloin tuntea olevansa matkalla taivasta kohti."
"Vai sellaista se meijän pikkupoika pohti."

PIKKUTYTTÖ JA TIKKAAT

"Meea, mitä sä niillä tikkailla teet?...
...muista astua varovasti ne askeleet..."
"Joo joo.
Tää on helppoo."
"Miksi sä hait ne tikkaat kaapista?
Eikö sun pitäisi nyt tehdä koulutehtäviä, laskea
laskuja tai lukea aapista?"
"Mä oon tehnyt läksyt jo.
Sitä paitsi mä teen nyt just niinku meijän opettaja
meille tänään sano."
"No mitä se teidän opettaja sano teille?"
"Se sano että elämässä pitää kurkottaa korkealle
unelmiin, niinku hän, ku hän teki viime vuonna tai
joskus sillon ihan huipun vuorenvalloitusmatkan
Pyreneille.
Mä yritän ny kurkottaa korkealle mun unelmaan."
"No kurkota vaan...
...mutta oo varovainen niillä tikkailla, ettet putoo."
"Joo."
"Mikä se sun unelmas sitten on?"
"Mä haluan joskus isona omistaa pilvilinnan tai
pilvikartanon.
Minne voi lentää nopeesti pienellä pinkinvärisellä
lentävällä aluksella, ja se alus kulkee ajatuksen
voimalla.

Vietän siellä kodissani aikaa ainaki laulamalla ja
lukemalla ja tauluja maalaamalla ja meditoimalla.
Mulla on siellä palvelusväkeä, ja mä elän siellä
muuteski niinku rikkaat.
Sinne voi kiivetäkkin, kun mä pudotan sieltä ensin
alas köysitikkaat."
"Toivottavasti saan elää niin pitkään että ehdin
näkemään sen.
Sen sun kodin ja palvelusväen ja köysitikkaat, ja
sen sun pienen pinkinvärisen aluksen."
"Sä saisit tulla käymään siellä koska vaa.
Ja saisit olla siellä niin kauan ku sua huvittaa."
"Kiva...sun pitäis noutaa mut sillä aluksella, koska
en uskaltais kiivetä niitä köysitikkaita pitkin."
"Se alus osais hakea sut ilman kuskiaki, ja se hakis
sut ihan mistä päin maapalloa tahansa, missä vaan
sä sit olisitkin."
"Onpas se ihmeellinen.
Ei sellaista lentoalusta varmastikaan oo kukaan
vielä keksiny, mutta ehkä joku viisas vielä joskus
keksii sen.
Meea, äitin pitää nyt mennä keittiöön keittämään
perunoita ja paistamaan kirjolohta...
...isi tulee kotiin ihan kohta.
Muista olla varovainen niillä tikkailla, eiks ni?"
"Joo äiti."
"Toivotaan että sä jaksat uskoa sun unelmaan, ja
toivotaan että se toteutuu."

"Juu."

LENTÄVÄ LAUTANEN

"Onpas sulla siinä vaunussa kuskattavana kovin
kiikkerät lautaspinot."
"On kiikkerät, ja näitä lautasia on englantilaisittain
ilmaistuna "a lot"."
"Toivottavasti saat ne perille ehjinä."
"Samaa toivon minä."

"Hyvä, sä teit sen."
"Joo, sain kaikki lautaset vahingoittumattomina
perille...eli vieläki jäi näkemättä lentävä lautanen."

NOPEA RAAMATUN LÄPILUKUTEKNIIKKA

"Mitä sä porasit tuolla autotallissa äsken?"
"Lupasin taannoin veljelleni lukea Raamatun läpi,
joten kaivoin kaapista isäni sähköporakoneen ja
porasin ison reiän Raamatun läpi, ja sitte luin reiän
läpi jotain, eli kirjaimellisesti ottaen voin nyt sanoa
veljelleni tehneeni sen."
"Jos laitat tuon Raamatun läpilukemissaavutuksen
saavutuslistallesi, niin ei tuo saavutus mielestäni ole
aivan aukoton."
"Allekirjoitan ton."

ALASTON TOTUUS (Kysymys Raamattutunnilla)

"Niin?"
"Onko meillä täällä aikaa kysymyksiin?"
"Onhan meillä.
Kyllä mua saa pommittaa kyssäreillä."
"Kiitos...no mulla olis yksi...
...ja olisi tosi ilahduttavaa, jos sinä saisit tämän
aivojani askarruttaneen arvoituksen selvitetyksi.
Haluaisin tietää kuka mahtoi olla se Markuksen
evankeliumissa mainittu pelkkään liinavaatteeseen
sonnustautunut nuori mies, joka seurasi Jeesusta
Getsemanessa, kun Jeesusta tultiin vangitsemaan,
ja joka hetkeä myöhemmin jätti liinavaatteensakin,
ja pakeni alastomana ilman rihman kiertämää?"
"Raamattu ei näytä antavan siihen vastausta, enkä
muistaakseni ole kuullut edes arvailuja kyseisen
alastoman nuorukaisen henkilöllisyydestä, joten
kyllä tää arvoitus tässä nyt selvittämättä jää."
"Hei, mulla ois ehdotus että kuka se ehkä vois olla.
Jos hän oli se rikas nuorukainen joka tuli Jeesuksen
luo Juudean alueella, missä kansa seurasi Jeesusta
isolla joukolla.
Ehkä hän oli noudattanut sanatarkan kuuliaisesti
Jeesuksen hänelle antamaa ohjetta, että jos halusi
olla täydellinen, hänen tulisi myydä omaisuutensa,
antaa se köyhille, ja sitten seurata Jeesusta."

"Tuo on ihan hyvä hypoteesi musta."
"Minustakin sinun veikkauksesi on ihan pätevän
tuntuinen, ja saattaisin ehkä allekirjoittaa sen.
Ehkä saimme juuri kuulla tästä asiasta alastoman
totuuden."

HYVÄ KYSYMYS

Miksemme tervehdi ilolla itseämme aamulla peilin
eessä?
Samalla ilolla, jolla tervehdimme rakkaitamme ja
ystäviämme ja tuttaviamme töissä, kaupassa,
kadulla, salilla, laskettelurinteessä...

RUKSI RUUTUUN

Ainoat kaksi asiaa, joita haluamme elämässämme,
ja joihin kaiken tekemisemme voi palauttaa, tai
kiteyttää, ovat rakastaa ja tulla rakastetuksi.
Jos tuo lause puhuttelee sinua ja olet samaa mieltä,
niin raapusta rakkaudella ja sydänlämmöllä alla
olevaan ruutuun ruksi.

SANOJENSA MITTAINEN MIES

"Hei, minne sä meet...
...ja miksi sulla on mukana noi kylttitykötarpeet?"
"Meen minimielenosoitustilaisuuteen tonne torille.
Lupasin liittyä hylkeiden hyvinvointia edistävään
ryhmään, jolla on painavaa ja hälyttävää asiaa
paikalliselle vaikutusvaltaiselle senaattorille."
"Aha...eikö noihin sun paperiplakaatteihisi olisi
hyvin riittäny pienikokoisemmatkin sanat?
Noi sanathan on niin isot, että niistä saa selvää
jopa sokeat kanat."
"Haluan olla aivan kirjaimellisestikin sanojeni
mittainen mies.
Mutta mun täytyy nyt kiiruhtaa, koska tilaisuus
alkaa aika pian, ja avajaisnumerona esiintyy upea
ja ihan pakkonähtävä kokoonpano nimeltään
Happy John And The Four Singing Girlies.
Heippa sitte."
"Heippa...toivon hartaasti että te pääsette siihen
mihin pyritte."

TULITIKKUJA OSTAMAAN

"Jouko, ootko kuullut että Liisa...eiku Kaisla on
töissä meidän lähikaupassa?...
...hän on siellä kassa."
"Enpä ollut kuullut...kiitos kun kerroit."
"Voisit käydä siellä tänään vaihtamassa Kaislan
kanssa moit."
"Joo...ja voisin ostaa samalla vaikka tulitikkuja, jos
hän vaikka lopultakin syttyis treffiehdotukselleni."
"Hyvä ajatus...kerro mulle sitte myöhemmin että
miten meni."

TIKUSTA ASIAA

Pikku Maija istui isänsä kanssa keittiön pöydän
ääressä aamulla.
"Maija, maistuuko sulle pulla?
Tässä pullassa on ainakin puolukkaa, mustikkaa,
intiaanisokeria, ja aprikoosia.
Ja tässä on pullan lisähöysteeksi vaniljaista soosia."
"Juu kiitos, anna tänne vaa.
Isä, mulla olis sulle asiaa."
"No, kerro vaan...mä kaadan sulle samalla tän
vihreän teen."
"Mä näin unta jossa Tiku ja Taku oli metsässä
seikkailemassa, ja sitte Tiku joutu onnettomuuteen.
Sen yli ajoi metsätiellä joku mielipuoli.
Ja sitte Tiku kuoli." :(
"Voi voi, sehän oli surullinen uni.
Huh...mullahan taitaa kostua nää mun simmuni."
"Mäki olin surullinen ku mä heräsin äsken...ja mä
itkin."
"Joo, huomasin että sä pyyhit silmiäsi kun sä tulit
alas noita yläkerran portaita pitkin.
Mutta luulin että se oli vaan unihiekkaa, jota sä
pyyhit pois sun silmistäsi.
Kiitos Maija, kun sä kerroit sun unifilmistäsi.
Kertominen varmasti kevensi sun mielialaa...
...eiks vaa?"

"Joo.
Kiva kun on isä, jolle kertoo."
"Maija, jos tuo uni jää vielä painamaan sun mieltä,
niin sä voisit vaikka kirjoittaa Takulle lohduttavan
osanottotervehdyksen, ja lukea sen sitten Takulle,
ja pyytää hartaasti Jumalalta, että Taku kuulis sen
sun osanottotervehdyksen."
"Joo...mä meen heti aamupalan jälkeen tekemään
sen."

JÄÄHDYTTELYÄ

Elintarvikekaupan työntekijä kollegalleen: "Mitä
sä täällä kylmähuoneessa värjöttelet Jani?"
"Mulla oli äsken tulinen yhteenotto kauppiaan
kanssa, joten ajattelin tulla tänne vähäksi aikaa
jäähdyttelemään tunteitani."

REITTIOHJE HAUTAJAISTILAISUUTEEN

"Vainajan viimeinen tahto oli, että hautajaisvieraat
saapuisivat kukin hautajaistilaisuuteen ilon ja
valon kautta, ja että he myös palaisivat ilon ja
valon kautta kotiin.
Ja kunnioittaaksemme vainajaa ja hänen tahtoaan
me luonnollisesti teemme niin."

MAINOSLAUSE UPPOAMATTOMALLE KAIUTTIMELLE

"Hei!...
....valitse tämä uppoamaton kaiutin, jos haluat että biisit uppoavat mutta kaiutin ei."

SUOJELUSENKELIT

"Vera, kulta pieni, laitatko sen auton oven kiinni,
meidän pitää ehtiä tänä iltana vielä Joensuuhun
asti."
"Ihan just äiti...mä ootan vaan että meijän kaikkien
suojelusenkelit ehtii varmasti mukaan autoon, ettei
meille käy tällä automatkalla kurjasti."

RINTAMAKARKURI

"Kas...
...tästä sun shakkisetistäs puuttuu yks sotilas.
Mutta tokihan sä oot sen jo huomannu, vai mitä
Juri?"
"Joo, oon...siitä sotilaasta tuli rintamakarkuri."

KAUAS PUDONNUT OMENA

"Hei Tero...
...sun isäsihän on tietokonenero."
"Juu, kyllä mun isääni voi hyvällä syyllä pitää
tietokonenerona.
Hän on nytkin paraikaa tietokoneitten tiimoilta
luennointimatkalla Italiassa, ja muistaakseni siellä on
luennointipaikkana ainakin Verona."
"Okei, hyvä...niin, aattelin että kun sun isäsi on guru
tietokonemaailmassa, niin säkin arvatenkin osaisit
neuvoa että miten saisin helposti ja nopeasti siirrettyä
valokuvat ja videot älypuhelimestani muistitikulle."
"Sori, tuotan nyt varmaankin pettymyksen sulle.
Asia on nimittäin niin, että hyvä kun meikä tietää
tietokoneista edes sen verran että mikä on lerppu tai
romppu.
Katsos, olen kauas pudonnut omppu."

TIPPA LINSSISSÄ

"Mihin mä jäin...
...niin, piti sanomani että Iiris, joka joutui jätetyksi
kuukauden päivät sitten, kertoi että hänellä on
nykyään tippa linssissä päivittäin."
"No sehän on hyvin ymmärrettävää, että tollaisen
kokemuksen jälkeen naamalla näkyy jonkin aikaa
enemmän kyynelii ku hymyy."
"Ei, ei ero ja hylätyksi joutuminen kuulemma ole
hänen tippalinssisyytensä syy."
"Vaan?..."
"Kuiville silmille tarkoitettu silmätippaputeli, josta
Iiris tiputtaa tipat kahdesti päivässä kumpaankin
öögaan."

USVA

"Hä?"
"Antaisitko hyvän selityksen mulle, että miksei me
enää toisiamme nähä?"
"Olen pahoillani, mutta tässä on nyt käynyt niin...
...että eräs Usva on tullut meidän väliin..." :(

LAIHIALAISTEN LAUTASET

"Hei, onkohan tuo oikeasti likaisten lautasten pino,
kun nuo lautaset näyttävät ihan käyttämättömän
puhtailta?"
"Jos odotat hetken, niin voin käydä kysymässä
tuolta Kailta..."
"Älä suotta...voin laittaa tämän likaisen lautaseni
tuohon sivuun, niin on varmaan parasta."
"Ton lautaspinon lautaset näyttää kyllä munkin
silmiin suoraan astianpesukoneesta tulleilta, eli
tuskinpa niistä on löydettävissä edes mikrojäämiä
oliivisalaatista, tai feta-pinaattiohukaisista, tai
perunasta, tai mustastamakkarasta...
Tai ehkä täällä on käyny joku laihialaisporukka
tänään aterioimassa.
Eli puhtaitten lautasten pinosta on laitettu lautaset
nenän alle, mutta on sen jälkeen nautittu silkkaa
silmänruokaa, ja kierretty kaukaa kassa."

TÖRMÄÄMINEN KARHU-TÖLKKIIN

Mies ja nainen olivat ehtineet kävellä runsaat neljä kilometriä viiden kilometrin lenkistä, kun mies äkkäsi Karhu-tölkin maantien vieressä.
Hän nosti sen maasta lausahtaen: "Toivotaan, että tämä on ainut karhu johon törmäämme täällä, sillä muuten voi ikävimmässä skenaariossa peruuntua pari kuukautta sitten tilaamani hunajaa maksanut lomamatka Sestrieressä."

VESSAPAPERILORU

"Rakas, sinä jätät sydämeeni pelkästään puhtaita
jälkiä, joita ei ole tarve pyyhkiä pois.
Kunpa jokaisen elämässä tällainen siunaus ois."

SYDÄMENKORJAAJA

Kuultuaan että hänen isällään on särkynyt sydän,
pikkupoika alkoi etsiä apua puhelinluettelon
keltaisilta sivuilta.
Hän toivoi löytävänsä sydämenkorjaajan, jotta isä
välttyisi enemmiltä sydänkivuilta.

Silmät ja posket kyynelissä hän meni kertomaan
isälleen, ettei ollut löytänyt sydämenkorjaajaa.
Isä otti pojan syliinsä ja lohdutti poikaansa sanoen,
että tämä ei ole sellainen kipu, jossa ambulanssi
ajaa pihaan huutaen pii paa, pii paa.

Isä istui poikansa vieressä siihen asti, kunnes poika
vaipui väsyneenä uneen.
Ja huomasi sitten olevansa itsekin väsynyt, ja
silmänsä kostuneen.